RÉFLEXIONS

D'UN CI-DEVANT NOTAIRE DE CAMPAGNE,

Sur les injustices commises à l'égard de la République et d'une foule de Républicains, par suite des fausses applications de la Loi du 17 Juillet 1793 ;

PRÉSENTÉES AU PREMIER CONSUL DE LA RÉPUBLIQUE FRANÇAISE.

LE grand objet de cette loi a été d'anéantir ce qui restait des charges seigneuriales et des anciens droits féodaux ; elle les a supprimés sans indemnité. Elle a, par conséquent, ajouté aux décrets des 18 juin et 25 août 1792; expliqué avec plus d'étendue celui portant abolition du régime féodal, et développé les principes d'indépendance établis par l'article 1.er de la loi du 6 octobre 1791.

Considérée sous ce rapport, la loi du 17 juillet 1793 ne semblait nullement porter atteinte aux

A

droits de la justice. En effet, les dispositions de la loi n'exprimaient autre chose que la volonté des législateurs d'assurer aux propriétaires légitimes la jouissance paisible de leurs patrimoines, avec l'exemption de toute servitude humiliante. Mais, loin de vouloir dépouiller les anciens bailleurs de fonds, loin de leur enlever des revenus légitimement stipulés, l'article II de la même loi avait excepté de la suppression les rentes ou prestations purement foncières et non féodales.

Il fallait donc essentiellement maintenir la différence reconnue par la loi entre les redevances nuement féodales et les prestations foncières.

Pour juger de l'extinction des premières, il devait suffire de voir le titre qui leur avait imprimé la tache de la féodalité.

A l'égard des secondes, pour les conserver, il devait suffire également de justifier, soit par le contrat primitif, soit par les reconnaissances des débiteurs, qu'elles avaient pour cause une cession de fonds faite moyennant telle somme d'argent, ou telle portion de fruits à délivrer chaque année, par le détenteur, au cédant ou à ses successeurs.

Puisque les législateurs eux-mêmes avaient senti le besoin de la distinction ; puisque,

[3]

d'ailleurs, sans aucun examen, on apercevait le danger de confondre les deux espèces de redevances, tout le monde devait respecter la ligne de démarcation tracée par la loi.

Cependant des groupes d'égoïstes ont trouvé le secret d'étendre la suppression aux rentes foncières, de s'enrichir aux dépens de la République ou des particuliers, et d'obtenir des applaudissemens à leurs usurpations.

Ils ont fait décider que si par un titre de ci-devant seigneur ou possesseur de fief, se trouvaient établis concurremment des cens, droits de lods et ventes, et des rentes foncières, leur réunion dans le titre suffirait pour rendre commun le sort de tous, tellement que la suppression des cens ou des lods et ventes opérerait aussi l'extinction des redevances foncières, sans aucune indemnité pour les propriétaires.

Les lois des 2 octobre 1793 et 7 ventôse an 2, ont adopté ce système d'expropriation, et la commission des revenus nationaux en a suivi très-rigoureusement l'exécution.

Il en est résulté des pertes immenses pour le trésor public et pour des milliers de familles. La suppression des rentes foncières a enlevé à la nation au moins 40 millions de revenus annuels, et il est aisé de s'en convaincre.

Dans presque tous les cantons, on trouve

des propriétés qui n'ont été aliénées qu'à la charge de prestations en denrées ou en argent. Dans les pays méridionaux, sur-tout, ces sortes d'aliénations se sont singulièrement multipliées. Dans telle commune existe un moulin, que des bénédictins, anciens propriétaires, ont vendu moyennant que leur maison recevrait à perpétuité, et à l'entrée de chaque hiver, *tant de quintaux de bled*. Plus loin, sont de vastes pâturages cédés par d'autres moines, à la charge, par les cessionnaires, de payer *tant en argent, à telle échéance*. Du sommet de la montagne voisine, on découvre une magnifique métairie, dont les cessionnaires n'ont obtenu la jouissance perpétuelle qu'en s'obligeant de rendre *tant de muids de froment, tant de volailles, etc., etc.* Sur le territoire de la commune au couchant, on traverse une grande forêt abandonnée par des auteurs d'émigrés, à un corps d'habitans, sous la condition expresse qu'ils livreraient *tant de cordes de bois, etc., etc.* Enfin, il est peu d'endroits où l'on ne rencontre des vestiges de rentes foncières établies au profit des anciens propriétaires, par les actes de cession.

Dans un de ses rapports sur les finances, le C.ᵉⁿ Treilhard avait porté à 20 millions seulement le produit des rentes foncières appartenantes à la République, comme ayant succédé au clergé, à l'ordre de malte et aux émigrés : mais, à coup sûr, le C.^{en} Treilhard n'avait pas eu des renseignemens complets, car elles s'éleveront à plus de 40 millions, si on en fait le recouvrement ; et, comme depuis 1793 aucunes de ces rentes n'ont été payées, les sept années à faire rentrer donneront près de *300 millions*.

Une somme aussi considérable, versée dans les caisses publiques, servirait à acquitter un très-grand nombre de créanciers de l'état ; à procurer des habillemens et des vivres aux généreux défenseurs de la liberté ; des secours aux indigens, *etc.*, *etc.* L'interprétation beaucoup trop révolutionnaire, donnée à la loi du 17 juillet 1793, a absorbé la source précieuse où tant de malheureux devaient puiser des moyens de soulagement.

Il est impossible de concevoir jusqu'à quel point on s'est permis d'abuser de cette loi. Sous prétexte d'étendre les droits de la liberté, on a violé tous ceux de la justice ; et les anarchistes n'ont pas eu plus de considération pour la fortune publique que pour celle des particuliers.

Il entre, sans doute, dans les devoirs du bon citoyen, d'aider, autant qu'il le peut, à faire respecter le droit de propriété et les liens de l'ordre social ; il est également de son devoir d'indiquer,

A 3

quand il les connaît, les moyens de réparer quelques-unes des brèches faites au patrimoine de la République, par l'ignorance ou l'exagération de certains novateurs qui ont cru avoir le droit de tout détruire, pour ne plus rencontrer d'obstacles à leur élévation particulière. L'indication de ces moyens est déjà faite ; mais, s'il faut en montrer la justice, le rédacteur de ces notes va le faire bien clairement. On ne le soupçonnera pas d'être stimulé par l'intérêt personnel, puisqu'il n'est ni propriétaire, ni débiteur d'aucun cens ou rente foncière : il ne peut donc avoir d'autre but que de défendre les vrais principes ; et il est dirigé par l'espoir que le Gouvernement actuel s'empressera de les faire revivre.

Quels sont donc les principes à l'égard des rentes foncières ? quelle a été leur origine, et comment se sont-elles établies ? C'est ce que ne savaient pas les interprètes de la loi du 17 juillet 1793.

Le principe fondamental concernant les rentes foncières, se trouve dans leur définition.

Considérée par rapport au propriétaire, la rente foncière est *le droit de percevoir tous les ans, sur un fonds, une redevance fixe en fruits ou en argent.*

Considérée dans son essence, elle est une

charge réelle, inhérente au fonds, et elle en devient inséparable.

Et dans sa nature, elle est la quotité ou des fruits, ou de la somme d'argent que le débiteur paie ou livre annuellement.

Pour l'établir, il faut de toute nécessité qu'il y ait cession de fonds ; et de cette manière se forme le bail à rente, qui est *un contrat par lequel l'une des parties céde à l'autre un héritage ou quelques droits immobiliers, et s'oblige de le lui faire avoir à titre de propriétaire, sous la réserve d'un droit de rente annuelle d'une certaine somme d'argent ou d'une certaine quantité de fruits, que la partie cédante retient sur ledit héritage, et que l'autre partie s'oblige réciproquement envers elle de lui payer tant qu'elle possédera l'héritage.*

Delà il suit que le bail à rente ressemble tout-à-la fois aux contrats de vente, de louage et de constitution.

Trois choses essentielles entrent dans la perfection du contrat de vente : *Res, pretium et consensus.*

De même trois choses constituent l'essence du contrat de bail à rente : un héritage qui est donné à rente ; une rente que le bailleur se retient sur l'héritage, et que le preneur s'oblige de lui payer ; et le consentement des parties sur l'héritage et sur la rente. Il faut ajouter que la charge de cette rente est le prix de l'aliénation de l'héritage.

Le bail à rente tient encore du contrat de vente, en ce que le bailleur contracte envers le preneur les mêmes obligations de garantie que le vendeur s'impose par l'acte de vente envers l'acquéreur.

Il a des rapports avec le bail à ferme et à loyer, en ce que la rente annuelle que le preneur est tenu de payer, ressemble à la ferme ou au loyer dû par le fermier ou locataire, et que pour le paiement de la rente, le bailleur a les mêmes droits à-peu-près que ceux du laisseur à ferme ou à loyer, pour le paiement des fermages et locations. La seule différence entre les deux espèces de revenus consiste en ce que les loyers ou fermages ne sont qu'une dette personnelle du fermier ; au lieu que la rente est une charge réelle imposée sur le *fonds*, et due principalement par le *fonds*, d'où elle a été appelée *rente foncière*.

Enfin, les rentes constituées à prix d'argent ont de commun avec la rente foncière, que celle-ci produit, comme les précédentes, des arrérages annuels qui se divisent comme l'année en trois cent soixante-cinq parties. Le possesseur de l'héritage sujet à la rente foncière, de même que le particulier grevé d'une rente constituée, devient chaque jour débiteur de la trois cent soixante-cinquième partie de la rente.

Il est un dernier rapport sous lequel le contrat de bail à rente convient avec les contrats de vente, de bail à ferme et de constitution : comme eux il est synallagmatique ; il produit des obligations respectives que chacune des parties contracte envers l'autre, et comme eux il est de la classe des contrats commutatifs.

Ça été par des contrats aussi inviolables, que les rentes foncières ont été établies ; ça été sur la foi d'actes consentis librement et avec l'intention de les exécuter, que les paiemens ont eu lieu jusqu'au 17 juillet 1793 ; et puisque ces actes étaient de véritables lois pour les parties qui les avaient souscrits, il fallait les maintenir conformément à l'adage : *Nihil tàm congruum fidei humanæ, quàm ea quæ inter eos placuerint, servare.*

Mais quelle a été l'origine des rentes foncières ? La question s'étend aux motifs comme aux époques des établissemens.

Les motifs ont dû varier en raison des différentes positions soit des bailleurs, soit des preneurs.

Les premiers ont pu adopter, dans des vues

d'économie ou de bienfaisance, le parti du bail à rente perpétuelle et non rachetable. Un père de famille ou un propriétaire quelconque étant dans l'impuissance de cultiver ses héritages, et ne voulant pas néanmoins s'en dépouiller entièrement par une vente simple, mais assurer, sur leurs produits, des revenus fixes pour lui-même, pour ses enfans et autres successeurs, a dû trouver plus avantageux d'aliéner ses immeubles avec la réserve d'une rente foncière, que de les laisser incultes ; ce qui a fait dire par nos anciens auteurs : *C'est mettre à profit des terres, que de les bailler à cens, à rente, etc.* Un autre propriétaire a voulu encourager l'agriculture et lier plus étroitement le laboureur à l'intérêt de bien cultiver, en lui transmettant la propriété du sol, à la charge qu'il rendrait annuellement, soit en nature, soit en argent, une portion des fruits.

A l'égard des preneurs, les baux à rente ont été nécessairement des objets de spéculation. Des familles entières étaient dépourvues de toute espèce de ressources ; elles vivaient dans l'état d'indigence ou de domesticité ; elles ont saisi avec empressement l'occasion d'acquérir des propriétés sans faire aucune avance, et avec la seule obligation de payer une rente à per-pétuité : elles ont déployé leur industrie, elles ont amélioré les héritages qui leur avaient été concédés, elles les ont possédés et fait valoir de génération en génération, et elles ont constamment acquitté les arrérages des rentes foncières.

Quant aux époques des établissemens, elles sont trop reculées pour que l'on puisse les indiquer avec certitude.

Mais les rentes foncières étaient bien connues dans le treizième siècle ; car il existe une charte de 1287, par laquelle Théodoric de Flandre et son fils ont donné, à titre de *bail à rente*, la propriété du terrain inculte qui y est désigné.

Cette charte est ainsi conçue : *Ego Theodoricus Dei gratiâ Flandriæ comes, et Philippus unâ filius meus, solitudinem reningensem victui nostro specialiter deputantes, sub annuali censu agricolis excolendam donavimus, etc.*

Elle prouve que dans le treizième siècle, comme dans les précédens, les propriétaires, en même temps qu'ils aliénaient leurs héritages, voulaient cependant dans ces aliénations faire résider les moyens de pourvoir à leurs besoins pour l'avenir, et se ménager des prestations alimentaires. Cette vérité est exprimée par les mots de la charte : *Victui nostro specialiter deputantes ;* et l'aliénation du fonds est ex-

primée par ces autres mots : *Solitudinem*.....
donavimus.

D'après des notions aussi claires et aussi communes, il est impossible d'assigner à la suppression des rentes foncières d'autre cause que l'intérêt particulier des commentateurs de la loi du 17 juillet 1793.

Ils diront, sans doute, que l'unité du titre par lequel a été en même temps établie, au profit d'un ci-devant seigneur, une rente foncière, et créé ou reconnu soit un cens, soit des droits de lods et vente, a identifié toutes les redevances ; en sorte que le cens et les droits de lods étant purement féodaux, la rente foncière mélangée avec eux est devenue également féodale, et par conséquent frappée de suppression.

Mais ce sera une très-grande erreur, car l'unité du titre n'a d'autre effet que de réunir dans un seul et même acte plusieurs contrats ayant des objets différens et des stipulations indépendantes : le mélange des droits n'en opère point la confusion ; la nature de chacun reste toujours distincte et sujette à des règles qui lui sont particulières. Le cens, dans l'acception moderne, diffère essentiellement de la rente foncière, et celle-ci n'a rien du tout de commun avec les droits de *lods*.

Pour se convaincre que dans tous les temps

on a mis le cens ou la rente seigneuriale et la rente foncière sur deux lignes séparées, il suffit de lire le fameux Dumoulin, l'un des plus doctes écrivains sur cette matière. Il a prévu le cas où le même titre aurait établi deux prestations. Par exemple, un denier de cens, et dix sous de rente, il dit : *Aut secundum onus est appositum in augmentum primi, et utrumque est unus et idem census......... Aut verò secundum onus est appositum tanquàm separatum per se, et tunc verè non est census, sed reditus fundiarius, etc..... Et plus bas : *Cùm unum jugerum terræ conceditur ad unum denarium capitalis aut minuti censûs, et ad decem solidos gravis, denarius est verus, proprius census ; sed decem solidi non sunt nisi reditus fundiarius et jus reale in genere, non autem jus dominicum.*

Telle est la distinction de Dumoulin. Il n'y a de rentes seigneuriales, *jus dominicale*, que celles qui sont jointes et unies inséparablement au cens, qui ne forment avec lui qu'une seule et même prestation. Au contraire, toutes les fois que le cens et la rente forment deux objets distincts, *onus separatum per se*, quoique dûe à un ci-devant seigneur, quoiqu'établie par le bail à cens, la rente est purement foncière, elle n'a rien de seigneurial ; c'est, et rien de plus, une charge réelle, *jus reale in genere, non autem jus dominicum.*

Aussi était-il de principe que quand une tenure féodale ou censuelle se trouvait grevée de plusieurs prestations au profit d'un seigneur, une seule était vraiment féodale, vraiment récognitive de la seigneurie, et que les autres, de quelque qualification qu'il eût plu aux parties de les décorer, n'étaient essentiellement que des rentes foncières.

Lorsqu'un immeuble féodal était chargé des droits de relief et de quint aux mutations, et d'une rente annuelle de 100 ^{tt}; lorsqu'un tenement censuel était grevé d'une pareille rente et d'un sous de cens; dans les deux cas, quoique la rente, par un usage généralement reçu, fût qualifiée seigneuriale, cependant ce n'était, dans la réalité, qu'une prestation purement foncière; et il n'y avait de vraiment féodal que les droits de mutation, dans le premier cas, et le cens dans le second.

Peu importe donc que la rente foncière soit placée, dans un même titre, à côté du cens ou d'un autre droit féodal; la nature de ce dernier ne se communique point à la rente foncière; la différence de leur caractère subsiste intégralement. Les deux espèces de redevances forment, l'une à l'égard de l'autre, *onus separatum per se ;* l'une ne dérive pas de l'autre, l'existence de la première est indépendante de l'autre. Il faut donc tenir en principe que si, dans un même titre, on trouve l'établissement de deux droits, dont l'un féodal, et l'autre de rente foncière, celui-ci doit être conservé, parce que la suppression du droit introduit par la féodalité, n'entraîne pas l'anéantissement de la rente foncière qui n'a rien de seigneurial, mais qui, dans les mains du créancier, doit être considérée comme une partie réservée du fonds aliéné.

Et si, malheureusement, il était vrai qu'il fallût comprendre dans la suppression tous les droits établis par des actes qui portent les macules de la féodalité, que deviendraient la plupart des propriétés nationales, notamment celles provenantes des émigrés? Ne faudrait-il pas déclarer nuls tous les contrats d'acquisition, d'échange et autres, où se trouveraient les qualifications de duc, marquis, comte, baron, etc.? Il y aurait évidemment même raison de ranger dans une seule classe les premiers et les derniers titres, et de les rendre tous sans effet.

Cependant les propriétés transmises à la République par l'émigration des ci-devant ducs, barons et autres, dont les contrats d'acquisition ou de partage rappelaient les anciens attributs, ont été reconnues légitimement et valablement justifiées. Quelques-unes ont été soumissionnées avec impatience par les plus zélés partisans de la suppression générale, et ils n'ont pas hésité quand il s'est agi de signer les contrats de vente à leur profit.

Les mêmes hommes n'ont pas rougi de demander le remboursement de leurs créances sur des émigrés; ils ont représenté, sans scrupule, les actes par lesquels des ci-devant marquis, comtes, etc., s'étaient reconnus leurs débiteurs; ils n'ont pas craint qu'on trouvât les titres vicieux, pour avoir été faits avec des ci-devant seigneurs; ils n'ont pas oublié de se faire liquider, et ils ont été les plus importuns auprès des receveurs des deniers nationaux, pour en obtenir le montant de leurs liquidations.

Ils ne manqueront pas de vouloir se justifier, en disant que la qualité féodale du débiteur lui était uniquement personnelle et ne s'était point attachée à la dette, qui n'avait pas pour cause l'ancienne dignité du seigneur, mais bien un prêt d'argent.

Cette justification devra être admise, et personne ne l'empêchera; mais aussi les ennemis des rentes foncières seront forcés de convenir que le même raisonnement doit leur être appliqué; car une rente foncière n'est pas

devenue seigneuriale, parce qu'elle a été constituée originairement au profit d'un seigneur.
Ce ne sont pas ses vieilles qualités qui ont
donné lieu à la rente : ce n'est pas non plus
dans les formes féodales, dont on a surchargé
le contrat, qu'elle a pris sa source ; mais l'aliénation du fonds a été la véritable et la seule
cause de la rente foncière, comme la dette de
l'émigré avait la cause de sa légitimité dans le
prêt d'argent.

Les rentes foncières doivent donc être res-
pectées, comme l'ont été les créances sur les
émigrés. En acquittant les dernières, la nation
a fait sortir des capitaux considérables de ses
caisses ; elle y fera rentrer des sommes immenses, en rétablissant les rentes foncières et
recouvrant les sept années d'arrérages qui en
sont échues ; et cette rentrée sera d'autant plus
avantageuse, qu'elle fera cesser le besoin d'un
impôt extraordinaire.

Peut-être objectera-t-on que le rapport de
la loi du 17 juillet 1793, et de celles interpré-
tatives, bouleverserait les fortunes d'un grand
nombre de détenteurs.

Mais des considérations particulières pour-
raient-elles donc faire rejeter les moyens
d'opérer le bien général ? Et quelles seraient
les fortunes un peu entamées ? Celles acquises

depuis 1793 au détriment de la république et d'une multitude de familles, par les possesseurs des grandes propriétés anciennement mises à rente ; car il est essentiel de remarquer que la classe des pauvres ne possède presque point de fonds.

Dira-t-on qu'il serait juste d'user de ménagemens envers des cultivateurs qui, aujourd'hui, étalent de grandes richesses, parce qu'ils ont gardé le bien d'autrui ? Mais ce serait une erreur en politique comme en morale.

Les débiteurs de bonne foi ne partagent pas cette erreur, car ils ne peuvent pas se familiariser avec l'idée de leur prétendue libération ; ils sont tous étonnés de se voir déchargés des rentes affectées sur leurs possessions. Ils se rappellent parfaitement que, quand ils sont devenus propriétaires, les rentes existaient et se percevaient ; ils se souviennent également que les prix de leurs acquisitions ont été diminués à cause de ces rentes, dont ils ont distrait les capitaux, pour ne délivrer aux vendeurs que la valeur juste des biens, calculée sur l'excédent du produit ; et ces honnêtes détenteurs sont très-disposés à payer, dès que la demande leur en sera faite.

Le recouvrement des rentes présentera une seule difficulté, celle résultante du brûlement des titres, ordonné par l'article VI de la loi du 17 juillet 1793.

Mais il sera aisé de suppléer aux titres primordiaux; 1.° par les déclarations des tenanciers, dont la plupart seront fidèles; 2.° par la représentation des anciens jugemens, dont les minutes auront échappé aux flammes; 3.° par la preuve testimoniale; 4.° par d'anciennes quittances et par les différens moyens que la sagesse d'une nouvelle loi prescrira.

Il est d'une importance majeure que cette loi soit rendue et s'exécute promptement, puisqu'il doit en résulter le plus grand bien, et pour le corps entier de la nation, et pour les malheureux propriétaires ruinés par le décret du 17 juillet 1793.

Son abrogation remettra en vigueur les dispositions des lois de décembre 1790 et août 1792, et les détenteurs auront la faculté de faire le rachat des rentes foncières dont les capitaux s'élèveront à plus d'un milliard pour la république.

L'ancien tabellion prie ceux qui auront la patience de le lire, de vouloir recueillir avec quelque soin ses dernières idées; les voici :

Ou le bail à rente sera considéré comme bail à ferme, ou il sera rangé dans la classe du contrat de vente, ou enfin il sera assimilé au contrat de constitution.

Dans tous les cas, les rentes foncières devront être conservées.

Comme loyers ou fermages, elles appartiennent incontestablement au propriétaire du fonds.

Si elles forment le prix de la vente du fonds, il est clair que ce prix ne peut être réalisé que par le service perpétuel des prestations que le vendeur s'est réservées en souscrivant le contrat, ou par le paiement du capital réglé sur des bases raisonnables.

Et si les rentes foncières ont de la ressemblance avec les rentes constituées à prix d'argent, les débiteurs des unes et des autres doivent être traités de la même manière.

Or, on n'a jamais élevé de doute relativement à l'obligation des débiteurs des rentes constituées, d'en acquitter les arrérages ; on a toujours jugé qu'ils ne pouvaient s'en affranchir qu'en remboursant les capitaux.

A la vérité ils ont eu l'aisance de se libérer de sommes considérables, en remettant aux créanciers de qui ils avaient reçu des écus, quelques papiers de nulle valeur ; mais ce simulacre de paiement a lui-même confirmé la règle générale.

On a senti le besoin de la renouveler : la loi du 25 messidor an 3 a suspendu les remboursemens. Quoiqu'elle ait été rendue beaucoup trop tard et lorsque des milliers de capitalistes étaient déjà ruinés, cette loi n'a pas moins consacré le principe que les débiteurs ne pouvaient devenir quittes en ne payant pas ; et c'était ne pas payer que de donner des assignats tout à fait dépréciés. La loi du 11 frimaire an 4 l'a décidé en termes formels, puisqu'elle a regardé ces prétendus remboursemens comme autant de vols faits aux créanciers légitimes.

Et puisqu'il a été jugé que les rentes constituées étaient, comme leurs capitaux, des dettes sacrées, ne doit-on pas porter le même jugement à l'égard des rentes foncières ?

Répétera-t-on ce que tant de fois on a dit : que la plupart des contrats faits au profit des ci-devant seigneurs, ont en même temps appelé foncières et seigneuriales les rentes et redevances établies ou reconnues par ces contrats, et que les prestations ainsi qualifiées seigneuriales ne peuvent plus changer de caractère ?

Mais ce serait renouveler l'erreur qui a produit le décret du 2 octobre 1793, par lequel la convention a déclaré la loi du 17 juillet applicable à toutes les rentes foncières qui avaient été créées même pour concession de fonds, avec mélange de *cens et signe de seigneurie.*

Ce serait défendre le décret du 8 ventôse

an 2, qui a enlevé de si gros revenus à la république : il a jugé que la régie nationale des domaines et de l'enregistrement ne pouvait pas recevoir le rachat qui lui était offert pour le compte de la nation, d'une rente de vingt-cinq septiers de blé, par la raison que le titre la qualifiait foncière et seigneuriale, quoique l'héritage fût en outre grevé d'un cens emportant lods et ventes.

Et pour peu qu'on veuille y réfléchir, on sent combien l'erreur a été grande.

La plupart des rentes foncières ont été qualifiées seigneuriales, uniquement parce qu'elles ont été créées au profit de ci-devant seigneurs; mais le nom n'a pas changé la nature de la redevance.

Jadis de simples abbayes avaient des seigneuries fort étendues, et à peine existait-il un bénéfice qui ne fût propriétaire de fief.

Toutes les églises, en observant certaines formalités, aliénaient : le prix de ces aliénations était toujours une rente représentative du fonds, et toujours ces rentes étaient qualifiées *seigneuriales*.

L'administration des domaines de la ci-devant couronne faisait journellement des aliénations de cette espèce.

Et le même régime avait lieu dans toutes

les grandes seigneuries, dont la plupart sont aujourd'hui nationales, à cause de l'émigration des propriétaires.

Depuis trente à quarante ans cet usage très-ancien devenait plus fréquent.

Il en est un exemple bien remarquable.

Dans les derniers temps, la maison d'Orléans, propriétaire des domaines de la ci-devant principauté de Joinville, (département de la Haute-Marne), les avait tous aliénés moyennant des rentes *seigneuriales* en grains : quelques-unes de ces rentes sont très-considérables.

Maintenant toutes sont abolies; et, au grand préjudice du tresor public, ceux qui les devaient se trouvent dispensés de les servir, et restent propriétaires libres.

De toutes les propriétés, les rentes foncières ont toujours été regardées comme les plus précieuses, parce qu'établies sur des biens d'un revenu toujours supérieur, leur paiement ne peut éprouver ni retard, ni obstacle.

Avec quelle activité ne seront-elles donc pas soumissionnées si on les rend au commerce ?

Pour cela il ne faut que resserrer la loi du 17 juillet 1793 dans ses justes bornes, et en restreindre l'application aux droits essentiellement récognitifs de la domination féodale.

[24]

Que les rentes foncières soient donc dé-
clarées rachetables pour agrandir le domaine
de la liberté; ce motif d'intérêt général justifiera
les dispositions de la loi par laquelle les détenteurs seront autorisés à affranchir absolu-
ment leurs propriétés, en remboursant les
capitaux des redevances foncières. La même
loi consolera les créanciers qui toucheront alors
le prix de la vente de leurs biens. Les cultivateurs conserveront aussi, avec leurs fran-
chises, les fonds qu'ils auront payés; ils en
jouiront sans plus éprouver de remords de
conscience, et tout le monde sera satisfait.

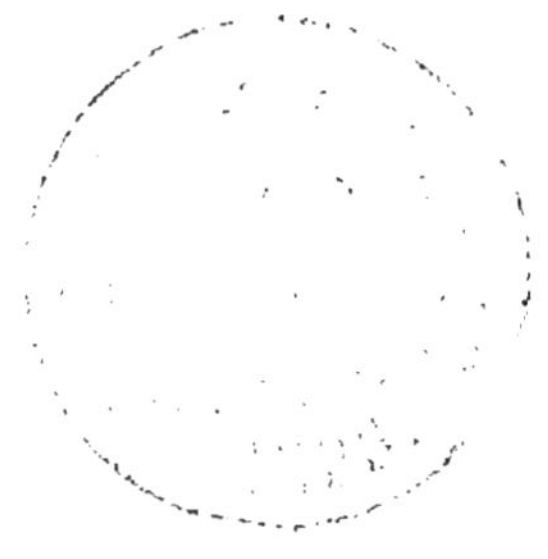

Le 12 Ventôse an 8 de la République.